Impressum
Verlag: BABADADA GmbH, Nedderfeld 112 , 22529 Hamburg
Geschäftsführer / Verlagsleitung: Harald Hof
Druck: Books on Demand GmbH, In de Tarpen 42, 22848 Norderstedt

Imprint
Publisher: BABADADA GmbH, Nedderfeld 112 , 22529 Hamburg, Germany
Managing Director / Publishing direction: Harald Hof
Print: Books on Demand GmbH, In de Tarpen 42, 22848 Norderstedt, Germany

lekòl

школа

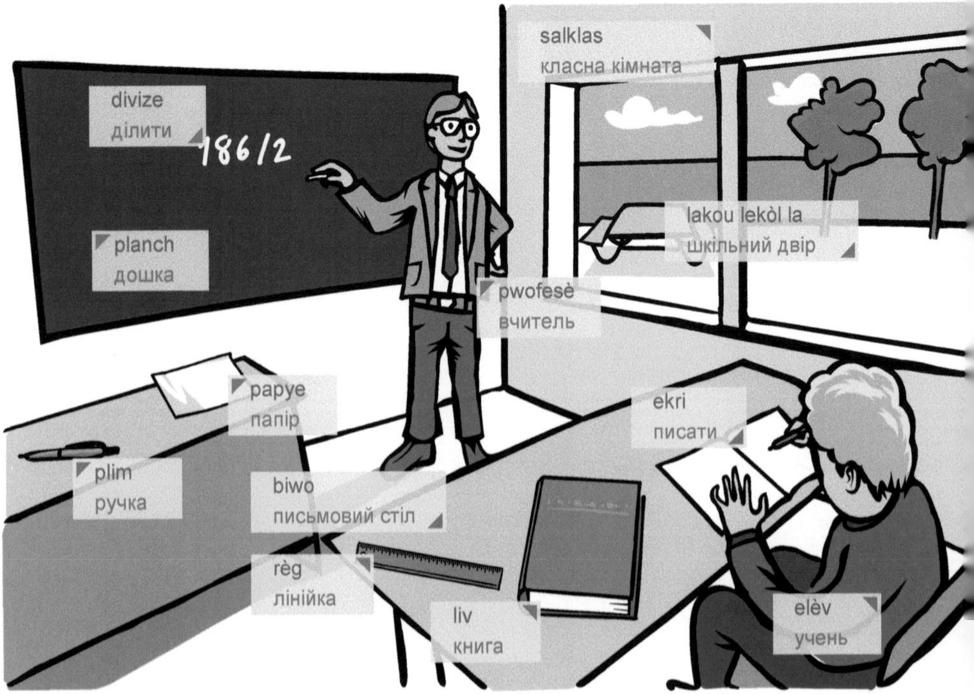
salklas
класна кімната
divize
ділити
186/2
planch
дошка
lakou lekòl la
шкільний двір
pwofesè
вчитель
papye
папір
ekri
писати
plim
ручка
biwo
письмовий стіл
règ
лінійка
liv
книга
elèv
учень

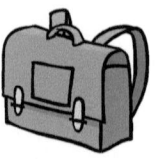

ti valiz

ранець

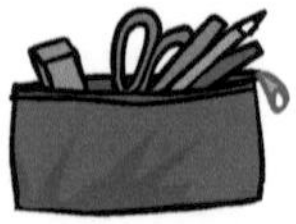

bwat kreyon

пенал

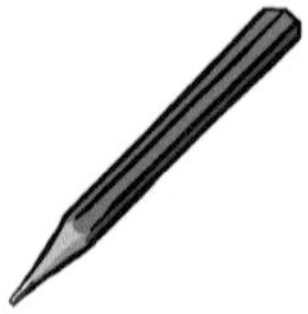

kreyon

олівець

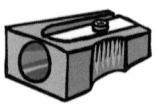

tay Kreyon

точило

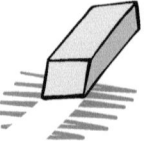

kaoutchou

гумка

kanè desen

альбом для малювання

desen

малюнок

penso

пензель

bwat penti

коробка фарб

sizo

ножиці

lakòl

клей

liv egzèsis

зошит

devwa

)машнє завдання

nimewo

число

adisyone

додавати

soustrè

віднімати

miltipliye

множити

kalkile

рахувати

lèt

літера

alfabè

абетка

mo

слово

tèks

текст

li

читати

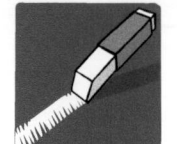

lakrè

крейда

leson

година

kaye nòt

класний журнал

egzamen

екзамен

sètifika

диплом

inifòm lekòl la

шкільна форма

edikasyon

освіта

ansiklopedi

лексикон

inivèsite

університет

mikwoskòp

мікроскоп

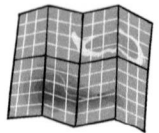

kat jeyografik

карта

poubèl papye

кошик для паперу

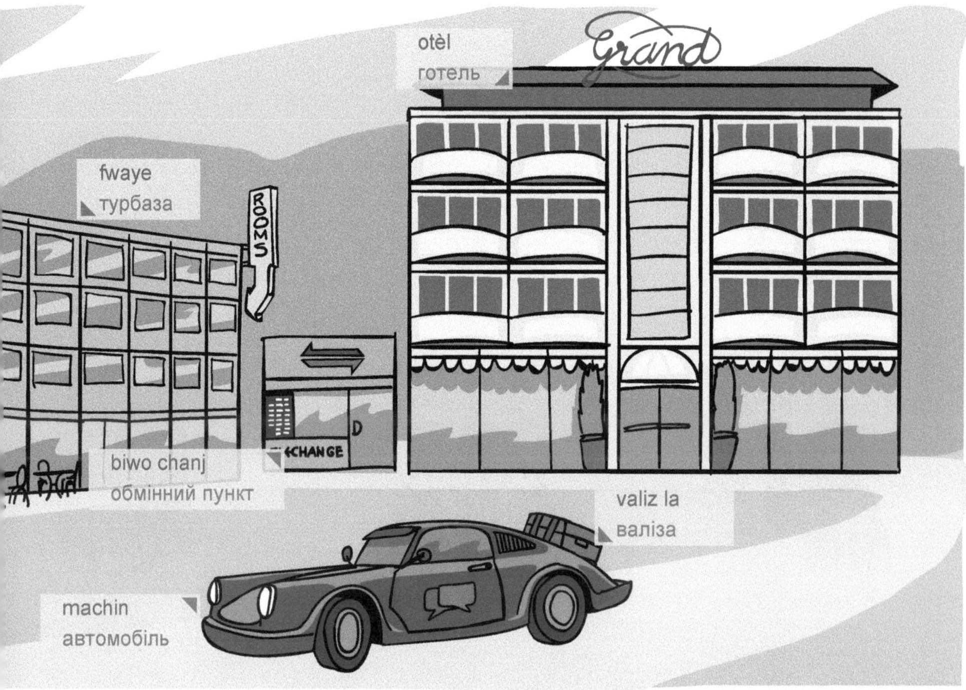

otèl
готель
Grand
fwaye
турбаза
ROOMS
biwo chanj
обмінний пункт
CHANGE
valiz la
валіза
machin
автомобіль

lang
мова

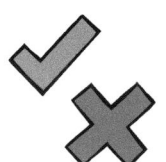

wi / non
так / ні

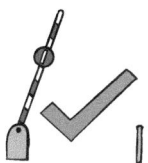

Ok
добре

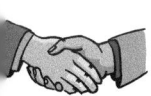

bonjou
привіт

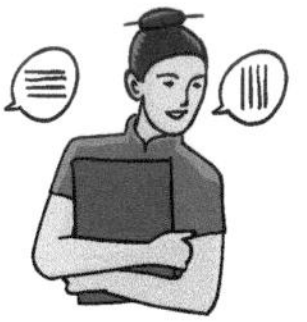

tradiktè
перекладач

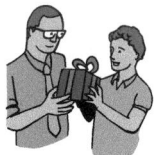

Mèsi
дякую

konbyen sa koute ...?

Скільки коштує ...?

Mwen pa konprann

Я не розумію

pwoblèm

проблема

Bonswa!

Добрий вечір!

Bonjou!

Доброго ранку!

Bòn nwi!

На добраніч!

orevwa

До побачення

direksyon

напрямок

bagaj

багаж

valiz

сумка

valiz pou do

рюкзак

envite

гість

chanm

кімната

sak pou dòmi

спальний мішок

tant

намет

òmasyon pou touris

истична інформація

plaj

пляж

kat kredi

кредитна картка

manje maten

сніданок

dejene

обід

dine

вечеря

Tikè a

квиток

asansè

ліфт

temb

поштова марка

fwontyè a

межа

la dwàn

митниця

anbasad

посольство

viza

віза

paspò

паспорт

avyon
літак

bato
корабель

machin ponpye
пожежна машина

bis
автобус

kamyon
вантажний автомобіль

bato a motè
моторний човен

bisiklèt
велосипед

machin
автомобіль

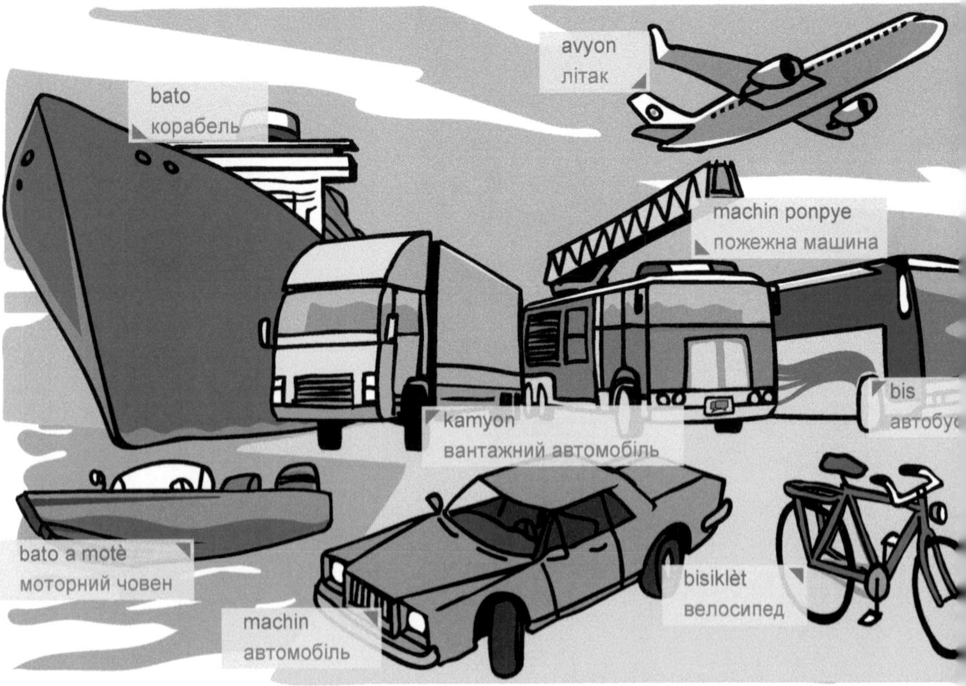

bato

пором

kannòt

човен

motosiklèt

мотоцикл

machin polis

поліцейська машина

machin kous

гоночний автомобіль

machin lokasyon

автомобіль на прокат

pataj machin

не користування авто

machin remòke

евакуатор

machin fatra

сміттєвоз

motè

двигун

gaz

паливо

estasyon gaz

автозаправна станція

pano endikatè

дорожній знак

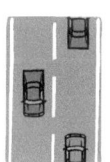

trafik

рух

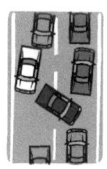

blokis trafik

затор

pakin

стоянка

estasyon tren

вокзал

ray tren

рейки

tren an

потяг

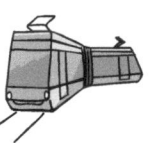

tram

трамвай

wagon

вагон

elikoptè

гелікоптер

ayewopò

аеропорт

tou

вежа

pasaje

пасажир

resipyan

контейнер

bwat katon

коробка

charyo

візок

poubèl

кошик

dekole / ateri

стартувати / приземлятися

lavil

місто

vilaj

село

sant vil la

центр міста

kay

дім

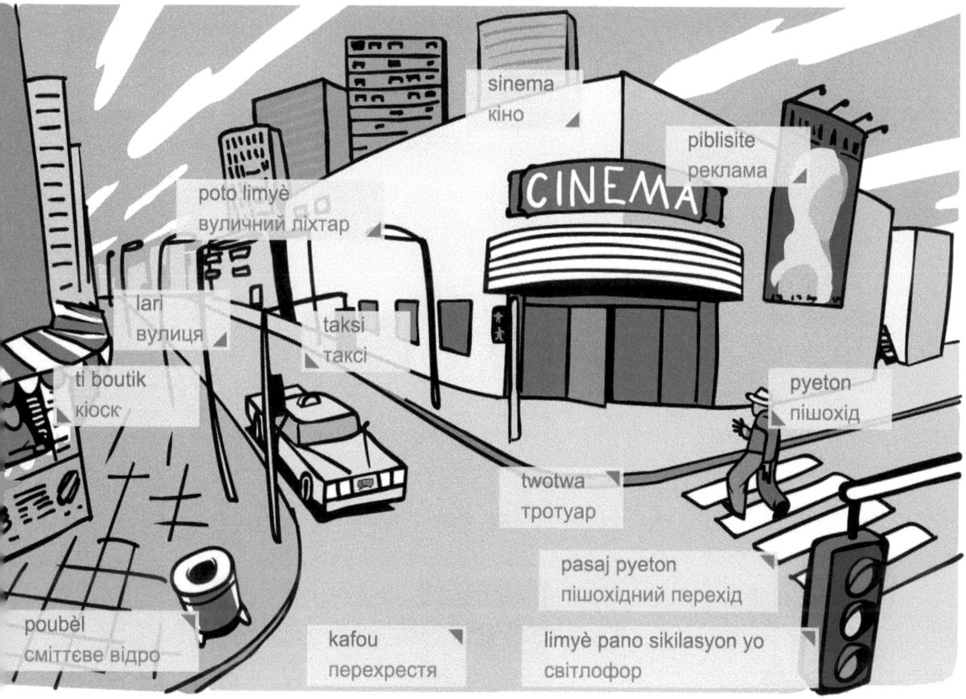

sinema
кіно
piblisite
реклама
CINEMA
poto limyè
вуличний ліхтар
lari
вулиця
taksi
таксі
ti boutik
кіоск
pyeton
пішохід
twotwa
тротуар
pasaj pyeton
пішохідний перехід
poubèl
сміттєве відро
kafou
перехрестя
limyè pano sikilasyon yo
світлофор

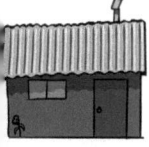

ajoupa

хатина

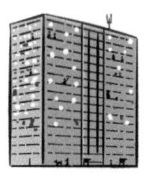

apatman

квартира

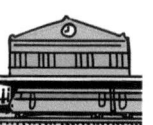

estasyon tren

вокзал

meri

ратуша

MUSEUM

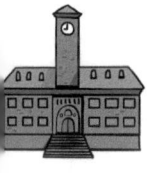

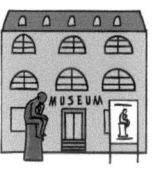

mize

музей

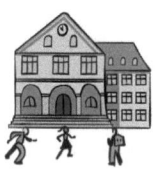

lekòl

школа

inivèsite

університет

bank

банк

lopital

лікарня

otèl

готель

famasi

аптека

biwo

офіс

magazen liv

книжковий магазин

boutik

магазин

machann flè

квітковий магазин

makèt

супермаркет

mache a

ринок

magazen

універмаг

kote yo vann pwason

торговець рибою

sant komèsyal yo

торговельний центр

pò

гавань

pak

парк

bank

лава

pon

міст

eskalye

сходи

anba tè

метро

tinèl la

тунель

stasyon bis

автобусна зупинка

ba

бар

restoran

ресторан

bwat postal

поштова скринька

pano afichaj

вулична табличка

aparèy pakmèt

лічильник паркування

zoo

зоопарк

pisin

басейн

moske

мечеть

fèm agrikòl

ферма

polisyon

забруднення навколишнього середовища

simityè

кладовище

legliz

церква

lakou rekreyasyon

дитячий майданчик

tanp

храм

peyizaj
ландшафт

fèy
листок

pano endikatè
вказівний стовп

chemen
шлях

preri
луг

wòch
камінь

vwayajè
мандрівник

pyebwa
дерево

rivyè
річка

zèb
трава

flè
квітка

lavale

долина

mòn

гора

lak

озеро

forè

ліс

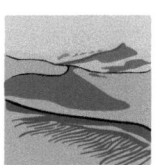

dezè

пустеля

vòlkan

вулкан

chato

замок

lakansyèl

веселка

djondjon

гриб

pye palmis

пальма

moustik

комар

vole

муха

foumi

мурашка

gèp

бджола

zaryen

павук

skarabe

жук

krapo

жаба

ekirèy

вивірка

lerison an

їжак

lapen

заєць

chwèt

сова

zwazo

птах

siy

лебідь

sangliye

кабан

sèf

олень

elan

лось

baraj

гребля

tibin van

вітряк

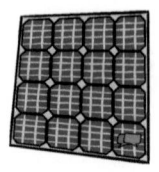

pano solèy

сонячний модуль

klima

клімат

sèvè
офіціант

meni
меню

chèz
стілець

soup
суп

pitza
піца

nap
скатертина

kouvè
столові прилади

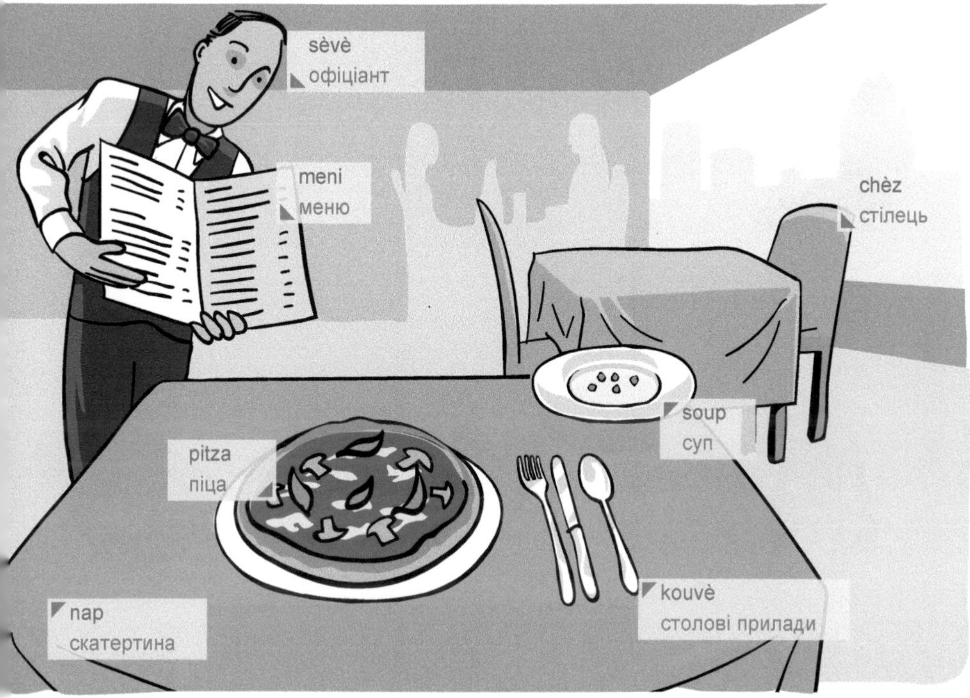

asyèt

закуска

pla prensipal

друга страва

desè

десерт

bwason yo

напої

manje

їжа

boutèy

пляшка

fast-food

фаст-фуд

manje nan lari

вулична їжа

kafetyè

чайник

bòl sik

цукорниця

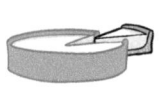

pòsyon

порція

machin ekspreso

еспресо-машина

chèz wo

високий стільчик

bòdwo

рахунок

plato

піднос

kouto

ніж

fouchèt

вилка

kiyè

ложка

ti kiyè kafe

чайна ложка

sèvyèt pou tab

серветка

vè

склянка

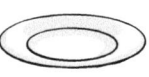

asyèt

тарілка

asyèt pou soup

тарілка для супу

sokoup

блюдце

sòs

соус

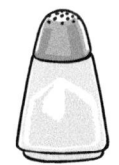

boutèy sèl fen

солонка

moulen pwav

млин для перцю

vinèg

оцет

lwil

масло

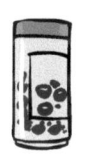

epis

спеції

sòs tomat

кетчуп

moutad

гірчиця

mayonèz

майонез

makèt

супермаркет

òf pwomosyonèl
пропозиція
FOR
kliyan
клієнт
pwodwi letye
молочні продукти
fwi
фрукти
charyo
візок для покупок

BUTCHERS

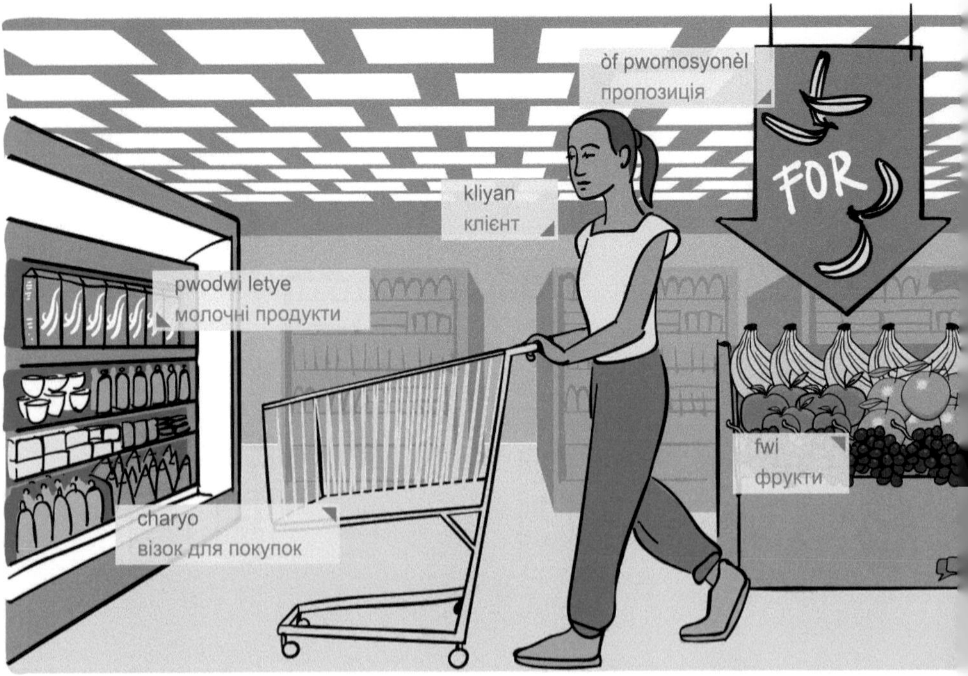

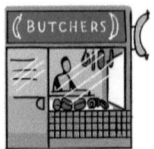

bouche

м'ясний магазин

BAKERY

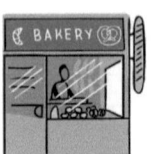

boulanje

пекарня

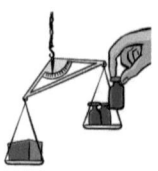

peze

зважувати

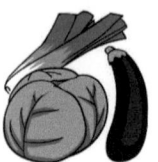

legim yo

овочі

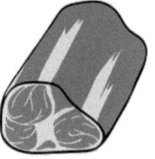

vyann

м'ясо

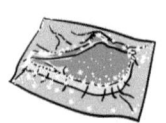

manje nan frizè

заморожені продукти

vyann fime

ковбасна нарізка

bwat konsèv

консерви

savon

пральний порошок

sirèt yo

солодощі

atik nan kay la

предмети домашнього
побуту

pwodwi netwayaj

мийний засіб

vandè

продавщиця

kès

каса

kesye

касир

lis acha

список покупок

lè fonksyònman

часи роботи

bous

гаманець

kat kredi

кредитна картка

sak

сумка

sak plastik la

поліетиленовий пакет

dlo

вода

ji fwi

сік

lèt

молоко

koka

кола

diven

вино

byè

пиво

alkòl

алкоголь

chokola

какао

te

чай

kafe

кава

ekspreso

еспресо

cappucino

капучіно

bannann

банан

pòm

яблуко

zoranj

апельсин

melon

кавун

sitwon

лимон

kawòt

морква

lay

часник

banbou

бамбук

zonyon

цибуля

djondjon

гриб

nwa

горішки

vèmisèl

локшина

espageti

спагеті

diri

рис

salad

салат

pòmdetè fri

картопля фрі

pòmdetè fri

смажена картопля

pitza

піца

anmbègè

гамбургер

sandwich

бутерброд

filè

шніцель

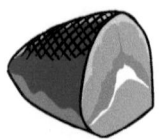

janbon

шинка

salami

салямі

sosis

ковбаса

poul

курка

boukannen

печеня

pwason

риба

avwàn
зівсяні пластівці

muzli la
мюслі

cornflakes
кукурудзяні пластівці

farin
борошно

kwasan
круасан

ti pen
булочка

peny
хліб

pen griye
тостовий хліб

biskwit yo
печиво

bè
масло

krèm fwomaj blan
сир

gato
пиріг

ze
яйце

ze fri
яєчня

fwomaj
сир

krèm ala glas

морозиво

sik

цукор

myèl

мед

konfiti

мармелад

krèm chokola

нуга-крем

curry

карі

fèm agrikòl
ферма

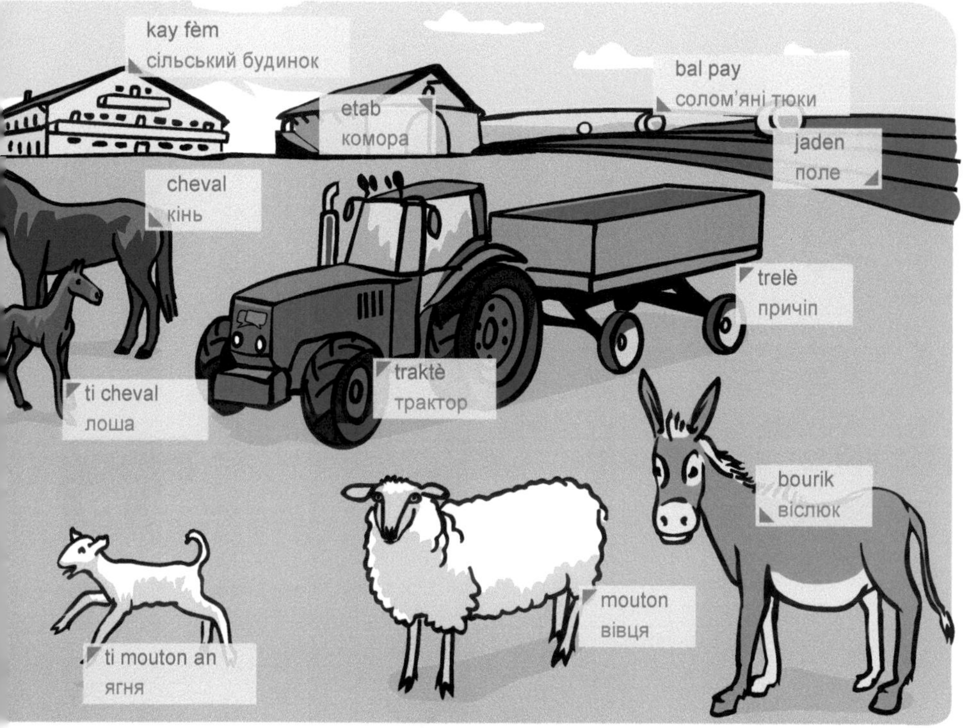

kay fèm
сільський будинок
etab
комора
bal pay
солом'яні тюки
jaden
поле
cheval
кінь
trelè
причіп
traktè
трактор
ti cheval
лоша
bourik
віслюк
mouton
вівця
ti mouton an
ягня

kabrit

коза

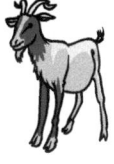

bèf

корова

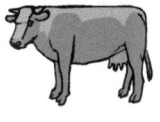

ti bèf la

теля

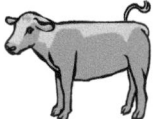

kochon

свиня

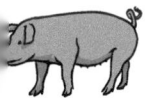

ti kochon

порося

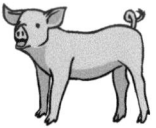

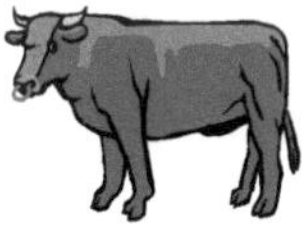

towo bèf

бик

zwa

гусак

kana

качка

ti poul la

курча

manman poul la

курка

kòk

півень

rat

щур

chat

кіт

sourit

миша

bèf

віл

chen

собака

kay chen

собача будка

tiyo jaden an

садовий шланг

awozwa

лійка

lam fochez

коса

chari

плуг

kouto digo

серп

pikwa

мотика

fouch

вила

rach

сокира

brouèt

тачка

tank

корито

po pou lèt

бідон молока

sak

мішок

kloti

паркан

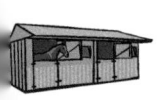

etab

хлів

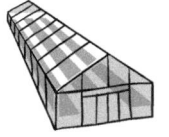

efè rechofman

теплиця

tè

ґрунт

grenn

насіння

angrè

добриво

machin agrikòl

комбайн

rekòlte

пожинати

rekòt

урожай

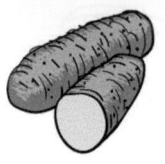

yanm

корінь ямсу

ble

пшениця

soja

соя

pòmdetè

картопля

mayi

кукурудза

kolza

ріпак

pyebwa ki donnen

плодове дерево

manyòk

маніок

sereyal yo

злаки

fèm agrikòl - ферма

kay
дім

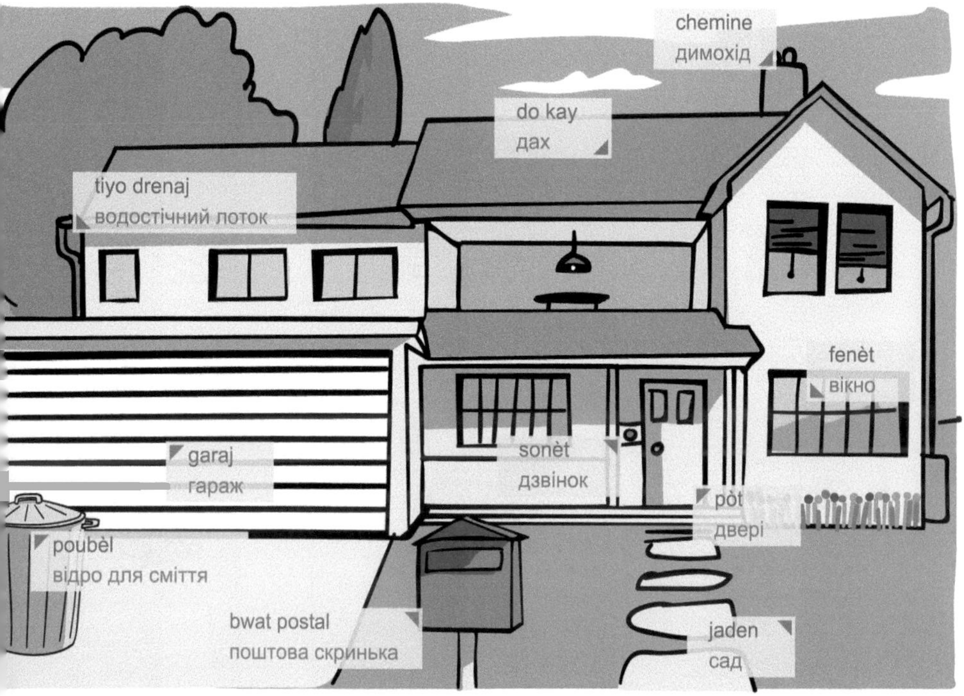
chemine
димохід
do kay
дах
tiyo drenaj
водостічний лоток
fenèt
вікно
garaj
гараж
sonèt
дзвінок
pòt
двері
poubèl
відро для сміття
bwat postal
поштова скринька
jaden
сад

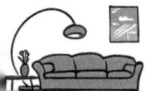

salon
вітальня

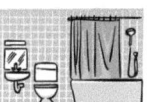

sal de ben
ванна кімната

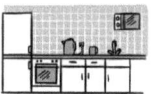

kwizin
кухня

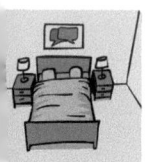

chanm
спальня

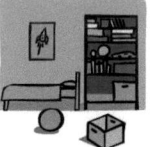

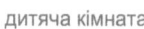

chanm timoun
дитяча кімната

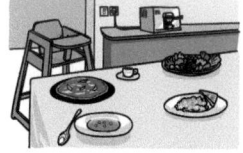

sal a manje
їдальня

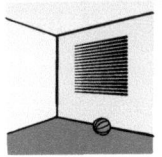

etaj

підлога

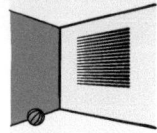

mi

стіна

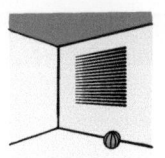

plafon

стеля

kav

підвал

sona

сауна

balkon

балкон

teras la

тераса

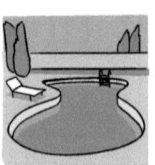

pisin

басейн

tondèz pou gazon

косарка

fèy

простирало

dra

ковдра

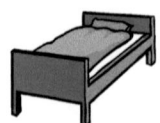

kabann

ліжко

bale

мітла

bokit

відро

entèriptè

перемикач

salon
вітальня

imaj
шпалери
foto
малюнок
lanp
лампа
etajè
поличка
amwa
шафа
televizyon
телевізор
chemine
камін
flè
квітка
kousen
подушка
sofa
диван
vaz
ваза
remote kontwòl
пульт

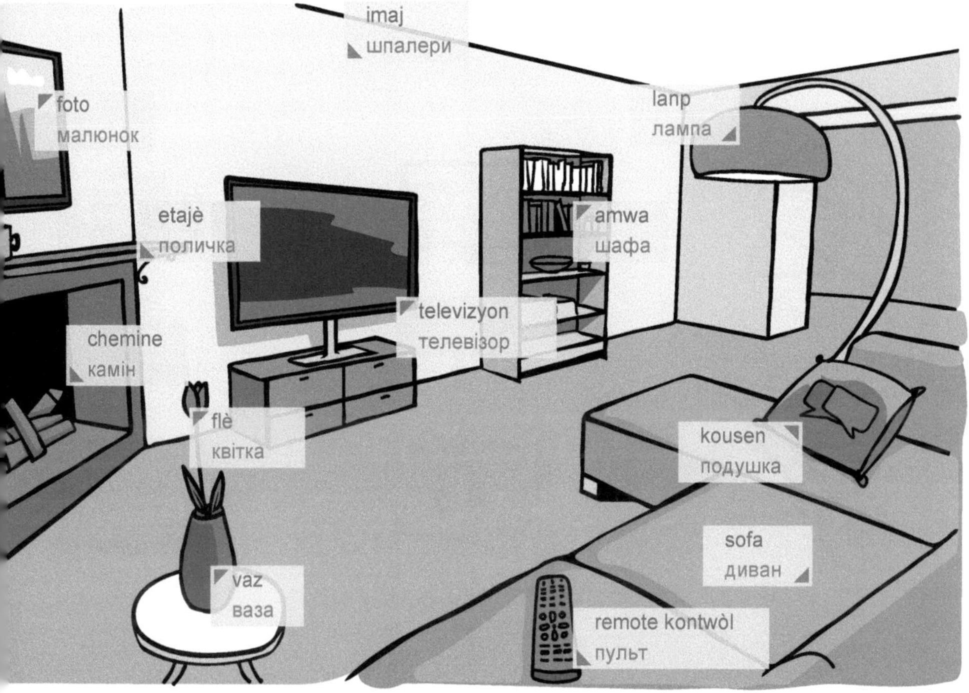

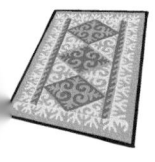

kapèt

килим

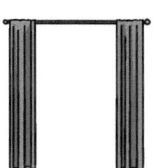

rido

завіса

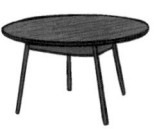

tab

стіл

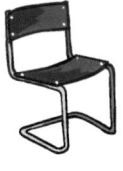

chèz

стілець

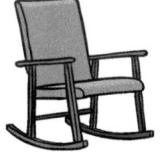

dodin

крісло-гойдалка

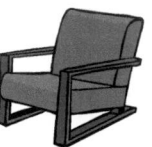

chèz

крісло

liv

книга

dra

ковдра

dekorasyon

прикраса

bwa dife

дрова

fim

фільм

aparèy mizik

стереосистема

kle

ключ

jounal

газета

penti

картина

postè

плакат

radyo

радіо

kanè nòt

блокнот

aspiratè

пилосос

kaktis

кактус

balèn

свічка

frijidè
холодильник

fou mikwo ond
мікрохвильова піч

balans pou kwizin
кухонні ваги

tostè
тостер

detèjan
мийний засіб

fou
піч

è
розильне відділення

poubèl
відро для сміття

machin alave pou veso
посудомийна машина

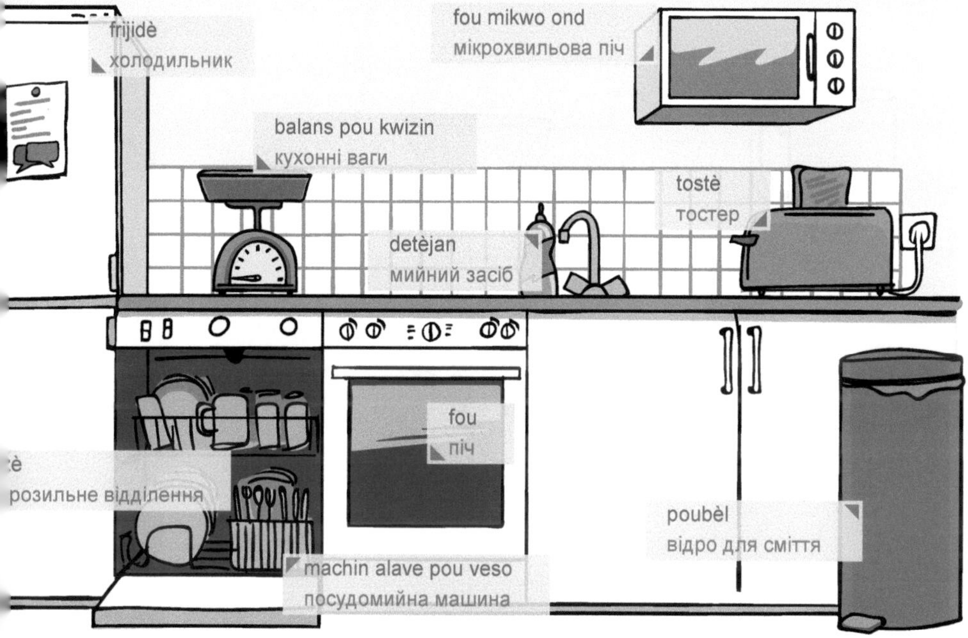

fou
плита

kaswòl
горщик

mamit
чавунний горщик

wok / kadai
вок / кадай

pwelon
сковорода

kafetyè elektrik pou bouyi
dlo
чайник

aparèy kwison a vapè

пароварка

plato fou

лист

istansil

посуд

goblè

кухоль

bòl

чаша

bagèt

палички для їжі

louch

черпак

spatul

лопатка

batez

вінчик для збивання

paswa

сито

paswa

сито

graj

терка

mòtye

ступка

babekyou

барбекю

dife

багаття

planch kizin

дошка

woulo patisri

качалка

tir bouchon

штопор

kanèt

конзерва

aparèy pou ouvri kanèt

відкривачка

gan kwizin

прихватки

lavabo

раковина

bwòs

щітка

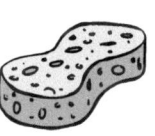

eponj

губка

blendè

міксер

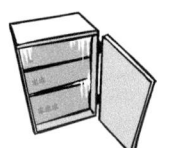

konjelatè

морозильна камера

bibon

дитяча пляшка

tiyo

кран

sal de ben

ванна кімната

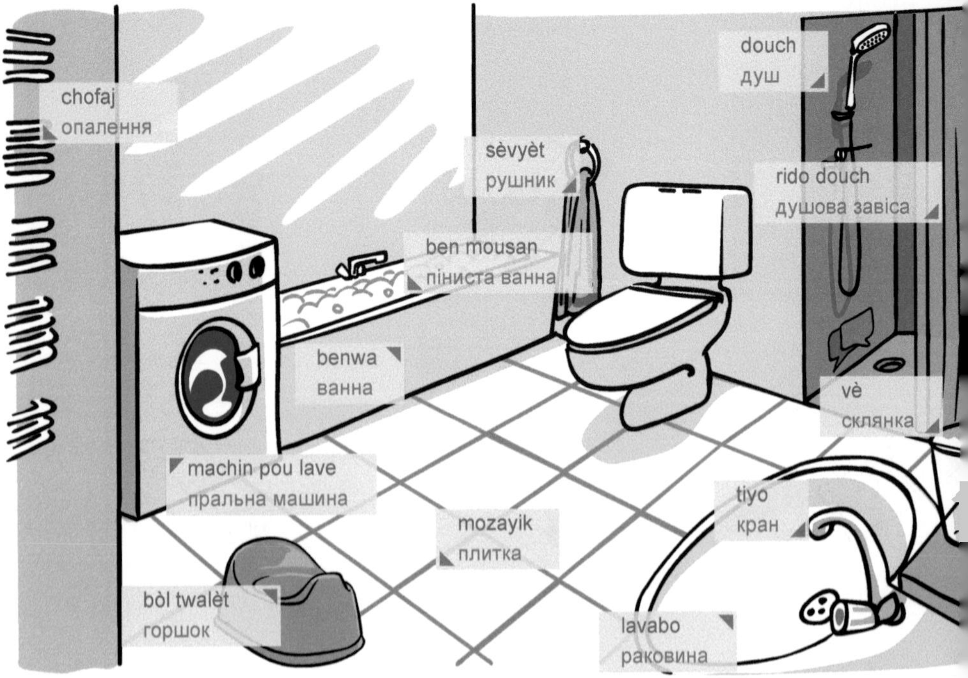
chofaj
опалення
douch
душ
sèvyèt
рушник
rido douch
душова завіса
ben mousan
пiниста ванна
benwa
ванна
vè
склянка
machin pou lave
пральна машина
tiyo
кран
mozayik
плитка
bòl twalèt
горшок
lavabo
раковина

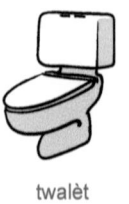

twalèt

туалет

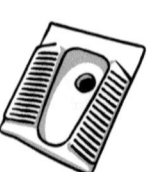

twalèt pou koupi

підлоговий туалет

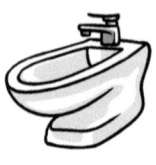

bidet

біде

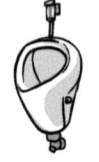

kote pou pipi

пісуар

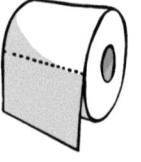

papye twalèt

туалетний папір

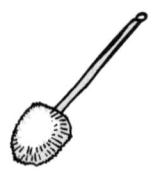

bwòs twalèt

щітка для туалету

bwòs dan

зубна щітка

pat dantifris

зубна паста

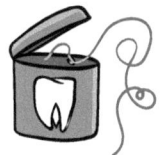

fil dantè

нитка для чищення зубів

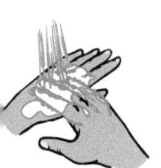

lave

мити

wobinè douch pou kenbe

ручний душ

twalèt entim

інтимний душ

lavabo

таз

bwòs pou do

щітка для спини

savon

мило

jèl douch

гель для душу

chanpou

шампунь

gan douch

мочалка

ekoulman

водостік

krèm

крем

deyodoran

дезодорант

miwa

дзеркало

miwa pòtatif

косметичне дзеркало

razwa

бритва

losyon mous pou razaj

піна для гоління

losyon aprè razaj

лосьйон після гоління

peny

гребінь

bwòs

щітка

sechwa

фен

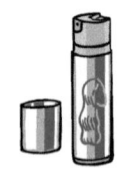

spre pou cheve

лак для волосся

makiyaj

косметика

wouj a lèv

губна помада

vèni pou zong

лак для нігтів

boul koton

вата

tay zong

ножиці для нігтів

pafen

парфум

sal de ben - ванна кімната

twous pou douch

косметичка

bankèt

табурет

balans

ваги

wòb pou chanm

халат

gan kawotchou

гумові рукавички

tampon

тампон

sèvyèt ijyenik

ігієнічні прокладки

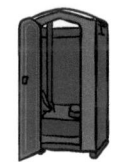

twalèt chimik

біотуалет

chanm timoun
дитяча кімната

revèy alam
будильник
nounous
м'яка іграшка
machin jwèt
іграшковий автомобіль
jwèt tchatcha
брязкальце
kay poupe
ляльковий будиночок
kado
подарунок

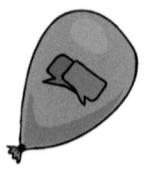

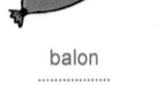

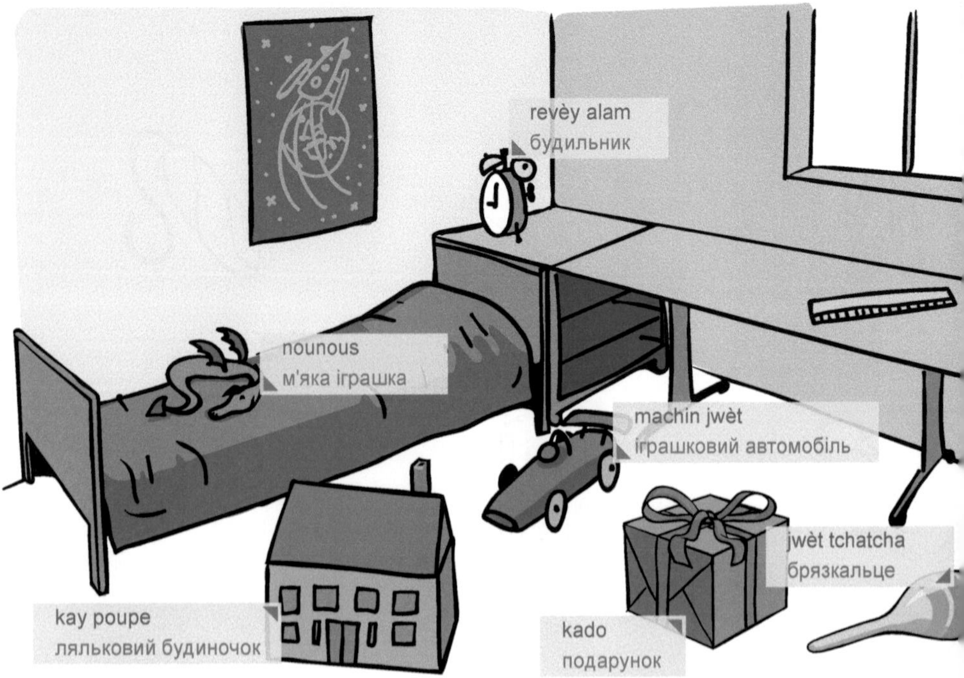

balon
повітряна кулька

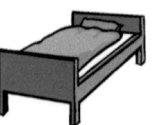

kabann
ліжко

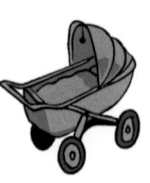

pousèt
дитячий візок

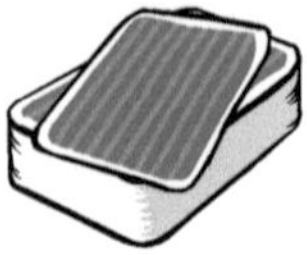

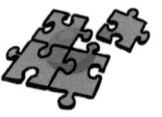

jwèt kat
картярська гра

puzzle
пазл

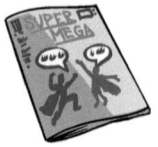

ti komik
комікс

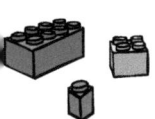

pyès lego

лего цеглинки

jwèt blòk konstriksyon

блоки

ti tonton jwèt

іграшкова фігурка

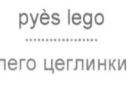

rad ti bebe

повзунки

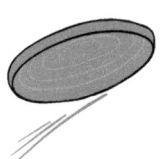

frisbee

фризбі

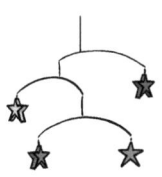

jwèt mobil

мобіле

jwèt sosyete

настільна гра

jwèt de

кубик

jwèt tren

модель залізнична станція

sousèt

соска

fèt

вечірка

liv ak imaj

книжка з картинками

boul

м'яч

poupe

лялька

jwe

грати

bak sab

пісочниця

balanswa

гойдалка

jwèt

іграшка

jwèt videyo

гральна консоль

bekàn twa wou

триколісний велосипед

nounous

плюшевий мішка

pandri

шафа

rad

одяг

chosèt

шкарпетки

ba

панчохи

kolan

колготки

foula
шарф

parapli
парасоля

sentiwon
ремінь

mayo
футболка

tenis
кросівки

bòt
чоботи

pantouf
домашнє взуття

sapat
сандалі

soulye
взуття

bòt kawotchou
гумові чоботи

sou vètman
труси

soutyen
бюстгальтер

jilè
нижня сорочка

kò

боді

pantalon

штани

pantalon jeans

джинси

jip

спідниця

kòsaj

блузка

chemiz

сорочка

jakèt

пуловер

jakèt

светр

vès

піджак

jakèt

куртка

manto

пальто

padesi

дощовик

kostim

костюм

wòb

сукня

rad marye

весільна сукня

kostim

костюм

chemiz de nwi

нічна сорочка

pijama

піжама

sari

capi

foula

головна хустка

turban

чалма

burqa

бурка

kaftan

кафтан

abaya

абая

kostim de ben

купальник

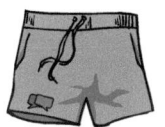

chòt

плавки

bout pantalon

шорти

rad spò

увальний костюм

tabliye

фартух

gan

рукавички

bouton

гудзик

linèt

окуляри

braslè

браслет

kolye

ланцюг

bag

кільце

zanno

сережка

kepi

шапка

sèso

плічка

chapo

капелюх

kravat

краватка

zip

застібка-блискавка

kas

шолом

bretèl

підтяжки

inifòm lekòl la

шкільна форма

inifòm

уніформа

bib

нагрудник

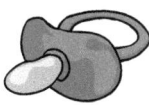

sousèt

соска

kouch sou bebe

підгузок

biwo
офіс

sèvè
сервер

kazye pou dosye
шаф для документів

enprimant
принтер

ekran
монітор

papye
папір

souri
миша

biwo
письмовий стіл

klasè
папка

klavye
синтезатор

poubèl papye
кошик для паперу

òdinatè
комп'ютер

chèz
стілець

tas kafe

авовий кухоль

kalkilatris

калькулятор

entènèt

інтернет

laptop

ноутбук

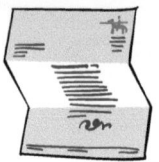

lèt

лист

mesaj

повідомлення

pòtab

мобільний телефон

rezo

мережа

machin fotokopi

копіювальний пристрій

lojisyèl

програмне забезпечення

telefòn

телефон

priz pou ploge

розетка

faks machin

факс

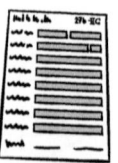

fòm

бланк

dokiman

документ

achte

купувати

peye

платити

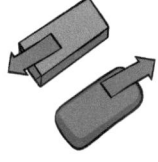

komès

торгувати

lajan an

гроші

USD

dola

долар

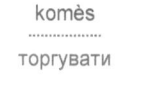

EUR

ewo

євро

JPY

yen

ієна

RUB

rouble

рубль

CHF

fran swis

франк

CNY

yuan renminbi

анів женьміньбі

INR

roupi

рупія

distribitè otomatik

банкомат

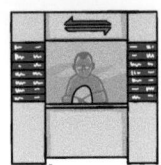

biwo chanj

обмінний пункт

lò

золото

lajan

срібло

gaz

нафта

enèji

енергія

pri

ціна

kontra a

контракт

taks

податок

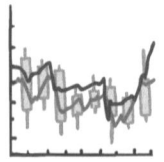

aksyon

акція

travay

працювати

anplwaye

працівник

patwon

роботодавець

faktori

фабрика

boutik

магазин

ofisye lapolis
поліцейський

ponpye
пожежник

chèf kwizin
повар

doktè
лікар

pilòt
пілот

jadinye

садівник

bòs chapant

столяр

koutirye

швачка

jij

суддя

famasyen

хімік

aktè

актор

chofè otobis

водій автобуса

chofè taksi

таксист

pechè

рибалка

dam responsab netwayaj

прибиральниця

bòs ki ranje twati

покрівельник

sèvè

офіціант

chasè

мисливець

pent la

художник

boulanje

пекар

elektrisyen

електрик

ouvriye

будівельник

enjenyè

інженер

bouche

забійник

plonbye

бляхар

faktè

листоноша

sòlda

солдат

achitèk

архітектор

kesye

касир

machann flè

флорист

kwafè

перукар

kontwolè

кондуктор

mekanisyen

механік

kapitèn

капітан

dantis

дантист

syantifik

вчений

raben

рабин

imam

імам

mwàn

монах

prèt

пастор

zouti yo

інструменти

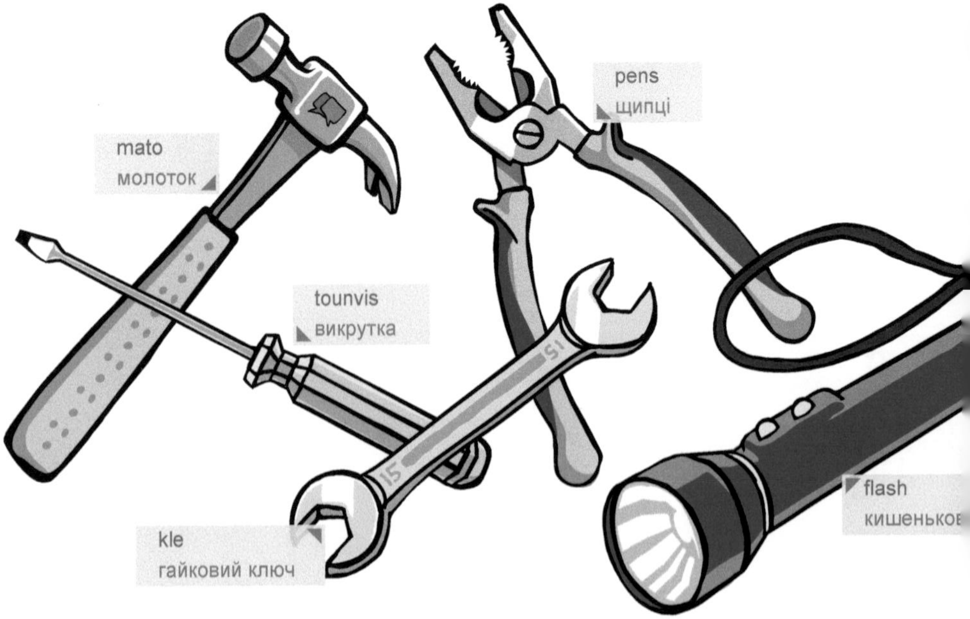

mato
молоток
pens
щипці
tounvis
викрутка
kle
гайковий ключ
flash
кишеньков

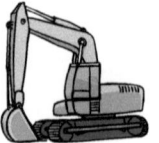

pèl ekskavatris

екскаватор

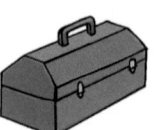

bwat zouti

ящик для інструментів

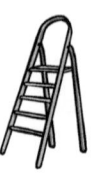

echèl

драбина

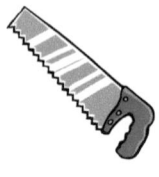

siyameto

пилка

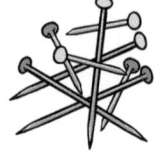

klou

цвяхи

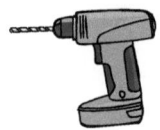

dril

свердло

repare
ремонтувати

pèl
лопата

Kèt!
лайно!

ramaswa
совок

bokit penti a
відро з фарбою

vis yo
гвинти

enstriman mizik yo

музичні інструменти

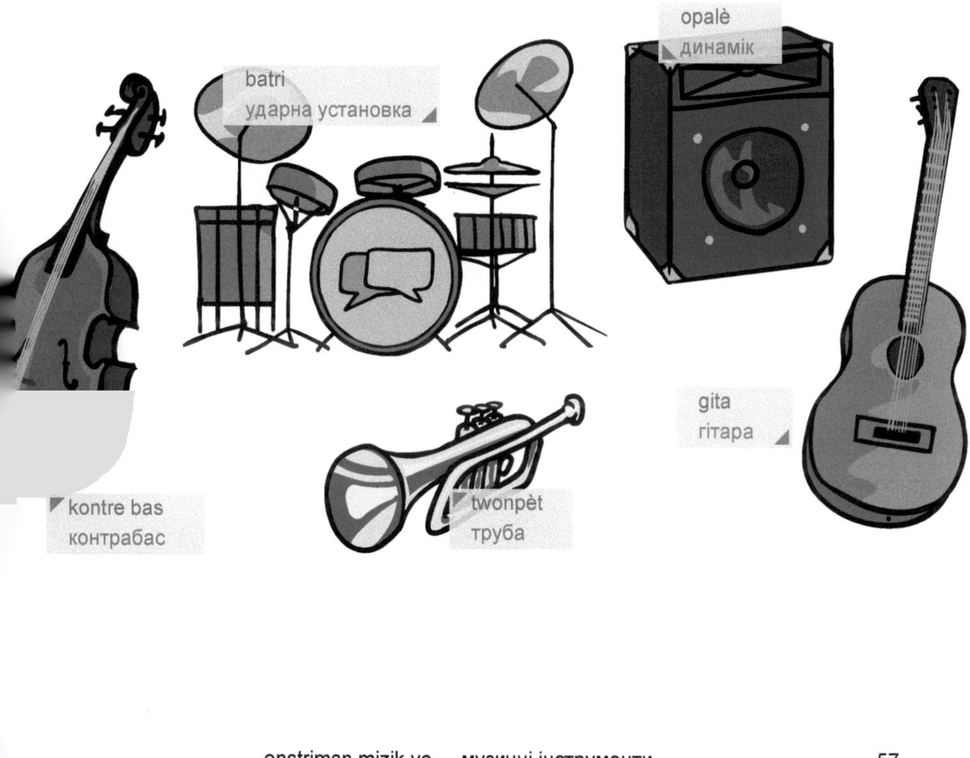

batri
ударна установка

opalè
динамік

gita
гітара

kontre bas
контрабас

twonpèt
труба

pyano

фортепіано

violon

скрипка

bas

бас

tenbal

литаври

tanbou

барабан

pyano elektrik

клавіатура

saksofòn

саксофон

flit

флейта

mikwofòn la

мікрофон

zoo

зоопарк

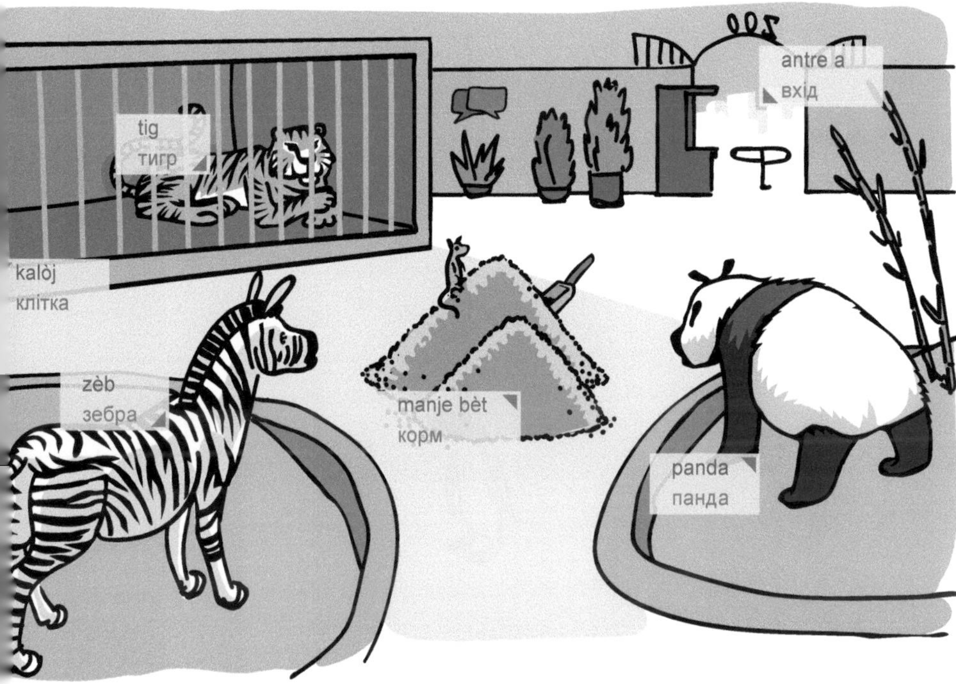

zoo
antre a
вхід
tig
тигр
kalòj
клітка
zèb
зебра
manje bèt
корм
panda
панда

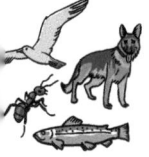

bèt yo

тварини

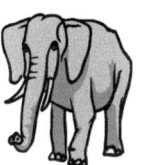

elefan

слон

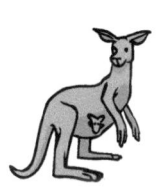

kangouwou

кенгуру

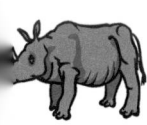

rinoseròs

носоріг

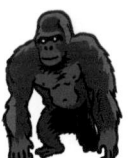

goril

горила

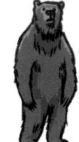

lous

ведмідь

chamo

верблюд

otrich

страус

lyon

лев

makak

мавпа

flaman woz

фламінго

jako

папуга

lous polè

білий ведмідь

pengwen

пінгвін

reken

акула

pan

павич

koulèv

змія

kwokodil

крокодил

gadyen zou

працівник зоопарку

fòk

тюлень

jaguar

ягуар

pone
....
поні

leyopa a
....
леопард

ipopotam la
....
гіпопотам

jiraf
....
жираф

malfini
....
орел

sangliye
....
кабан

pwason
....
риба

tòti
....
черепаха

mòs
....
морж

rena
....
лисиця

gazèl la
....
газель

foutbòl ameriken
американський футбол

siklism
їзда на велосипеді

tenis
теніс

baskètbòl
баскетбол

naj
плавання

bòks
бокс

hockey sou glas
хокей

foutbòl
футбол

badminton
бадмінтон

atletism
легка атлетика

handball
гандбол

ski
лижні перегони

polo
поло

ri
сміятися

bo
обіймати

se
ибати

mache
йти

chante
співати

rèv
мріяти

priye
молитися

bo
цілувати

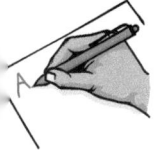

ekri
писати

desine
малювати

montre
показувати

pouse
тиснути

bay
давати

pran
брати

genyen

мати

fè

робити

vèb èt

бути

leve kanpe

стояти

kouri

бігати

rale

тягнути

voye

кидати

tonbe

падати

kouche

лежати

atann

очікувати

pote

носити

chita

сидіти

abiye

одягати

dòmi

спати

reveye

просипатися

gade

дивитися

kriye

плакати

karese

гладити

peny

розчісувати

pale

розмовляти

konprann

розуміти

mande

питати

koute

слухати

bwè

пити

manje

їсти

ranje

прибирати

renmen

любити

kwit manje

варити

kondwi

їхати

vole

літати

navige

йти під вітрилом

kalkile

рахувати

li

читати

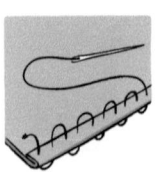

aprann

вчитися

travay

працювати

marye

одружуватися

koud

шити

bwose dan

чистити зуби

touye

убивати

fimen

курити

voye

посилати

fanmi

сім'я

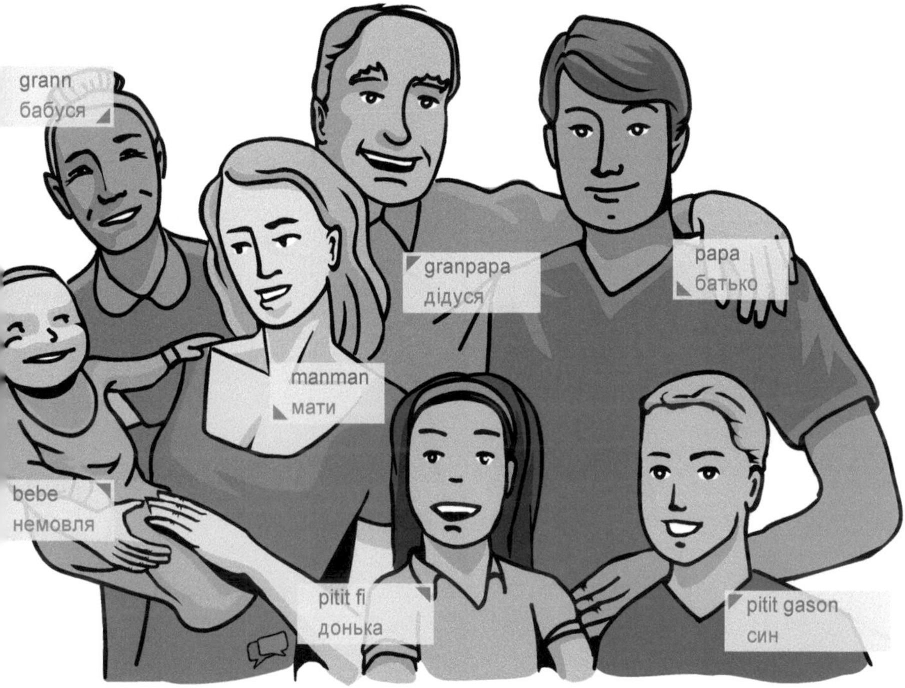

grann
бабуся
granpapa
дідуся
papa
батько
manman
мати
bebe
немовля
pitit fi
донька
pitit gason
син

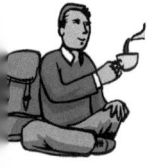

envite

гість

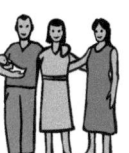

matant

тітка

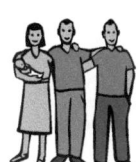

tonton

дядько

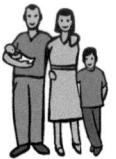

frè

брат

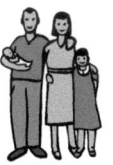

sè

сестра

kò

тіло

fwon
чоло
zye
око
zepòl
плече
dwèt
палець
figi
обличчя
manton
підборіддя
men
кисть
janm
нога
tete
груди
bra
рука

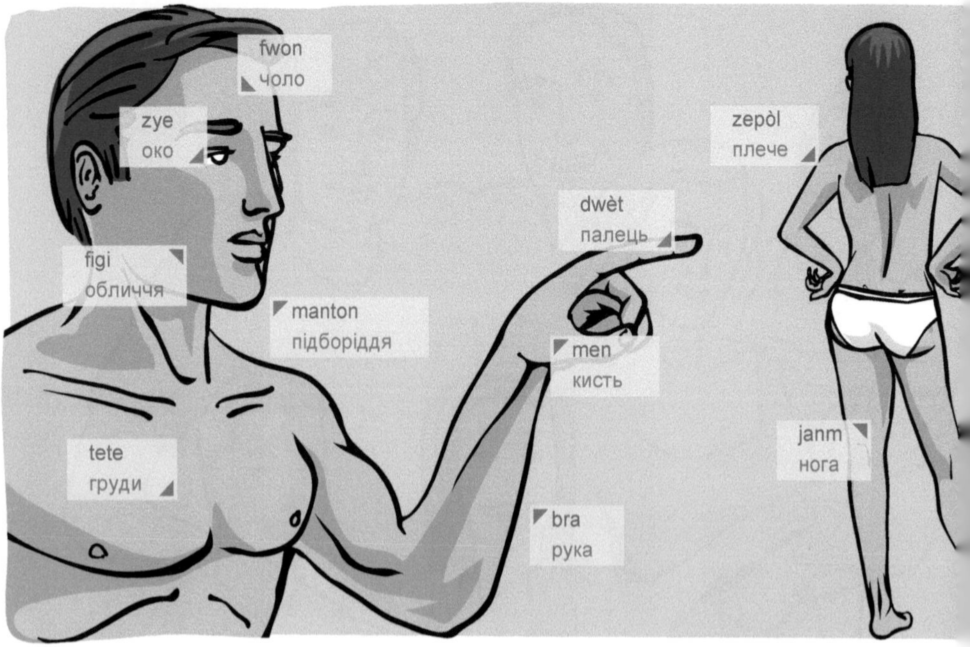

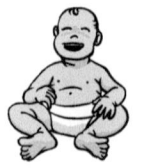

bebe

немовля

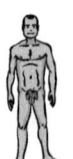

moun

чоловік

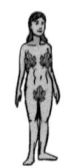

fi

жінка

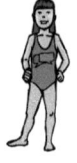

tifi

дівчина

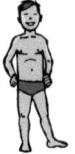

gason

хлопчик

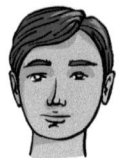

tèt

голова

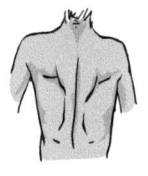

do

спина

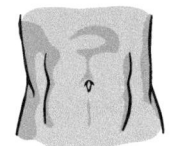

vant

живіт

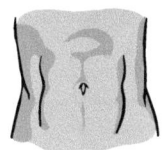

lombrit

пуп

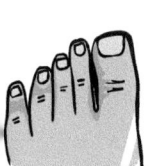

zòtèy

палець ноги

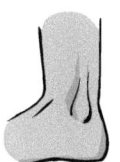

talon pye

п'ята

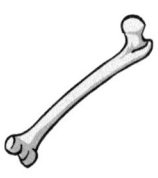

zo

кістка

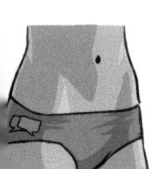

anch

стегно

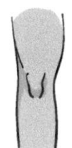

jenou

коліно

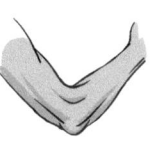

koud

лікоть

nen

ніс

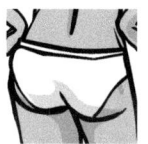

dèyè

сідниці

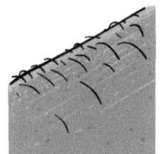

po

шкіра

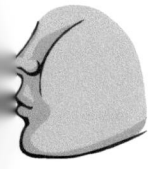

machwè

щока

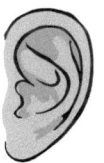

zòrèy

вухо

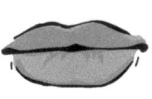

lèv

губа

bouch

рот

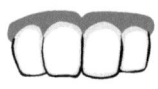

dan

зуб

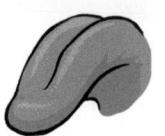

lang

язик

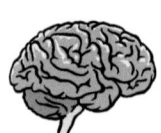

sèvo

мозок

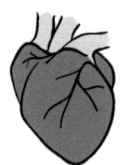

kè

серце

misk

м'яз

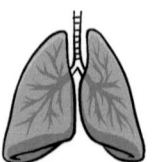

poumon

легені

fwa

печінка

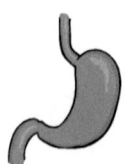

lestomak

шлунок

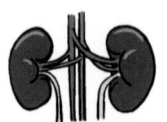

ren

нирки

sèks

статевий акт

kapòt

презерватив

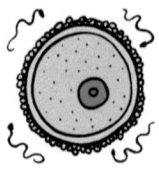

ovil

яйцеклітина

espèm

сперма

gwosès

вагітність

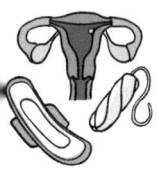

règ

менструація

vajen

вагіна

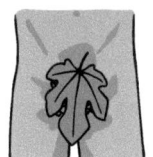

peni

пеніс

sousi

брова

cheve

волосся

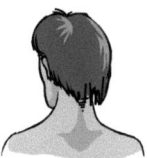

kou

шия

lopital
лікарня

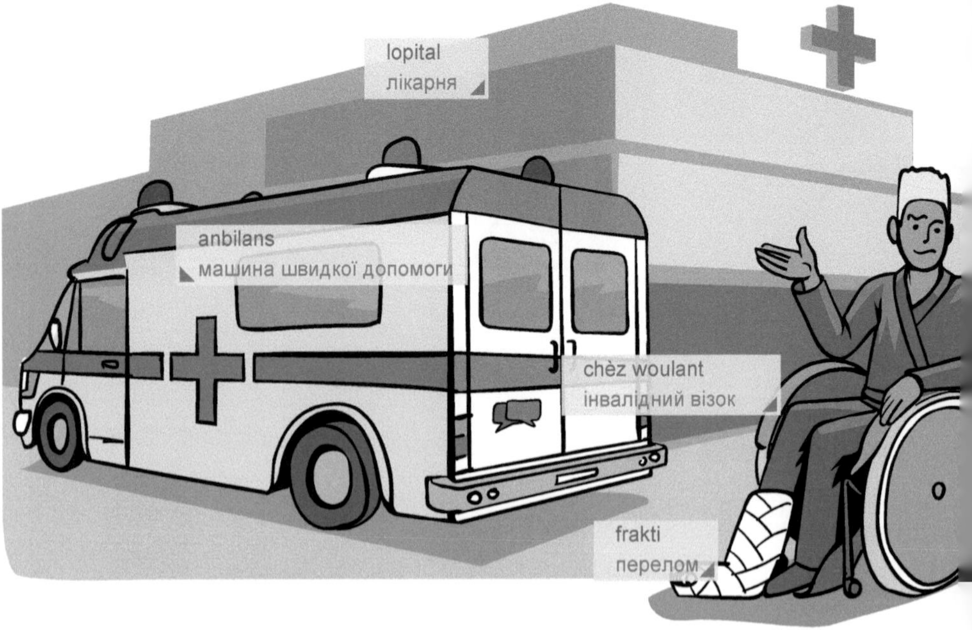

lopital
лікарня
anbilans
машина швидкої допомоги
chèz woulant
інвалідний візок
frakti
перелом

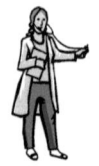

doktè

лікар

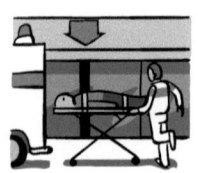

sal ijans

відділення швидкої медичної допомоги

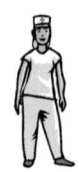

enfimyè

медсестра

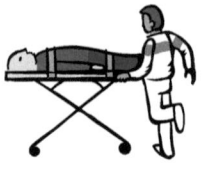

ijans

аварійний випадок

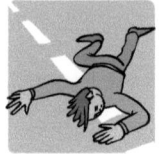

san konesans

непритомний

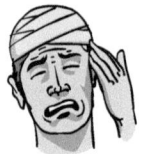

doulè

біль

aksidan

травма

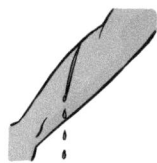

senyen

кровотеча

kriz kadyak

інфаркт

estwòk

інсульт

alèji

алергія

tous

кашель

lafyèv

лихоманка

grip

грип

dyare

пронос

maltèt

головна біль

kansè

рак

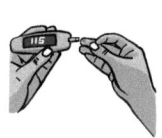

dyabèt

діабет

chirijyen

хірург

bistouri

скальпель

operasyon

операція

CT

··············
КТ

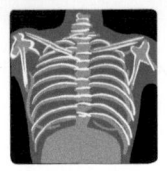

radyografi

··············
рентген

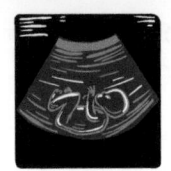

ekografi

··············
ультразвук

mask figi

··············
маска

maladi

··············
хвороба

sal datant

··············
зал очікування

beki

··············
милиця

plat

··············
пластир

pansman

··············
пов'язка

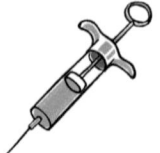

enjeksyon

··············
ін'єкція

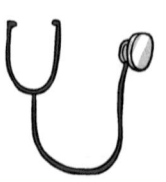

stetoskop

··············
стетоскоп

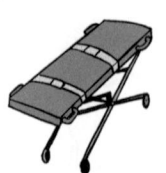

branka

··············
ноші

tèmomèt klinik

··············
термометр

nesans

··············
народження

ki twò gwo

··············
надмірна вага

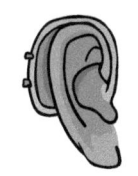

arèy pou ede tande

слуховий апарат

dezenfektan

дезінфікуючий засіб

enfeksyon

інфекція

viris

вірус

VIH / SIDA

ВІЛ / СНІД

medikaman

медицина

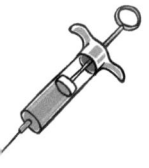

vaksinasyon

вакцинація

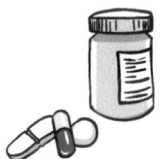

konpime yo

таблетки

konprime

протизаплідна пігулка

apèl ijans

стрений виклик

kontwole san presyon

тонометр

malad / an sante

хворий / здоровий

Sekou!

Допоможіть!

alam

сигнал тривоги

atak

напад

atak

атака

danje

небезпека

sòti dijans

аварійний вихід

Dife!

Вогонь!

ekstenktè

вогнегасник

aksidan

аварія

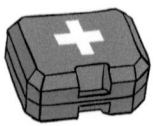

kit premye swen

аптечка

SOS

СОС

lapolis

поліція

Ewòp

Європа

Amerik di Nò

Північна Америка

Amerik di sid

Південна Америка

Lafrik

Африка

Lazi

Азія

Ostrali

Австралія

Oseyan Atlantik

Атлантика

Oseyan Pasifik

Тихий океан

Oseyan Endyen

Індійський океан

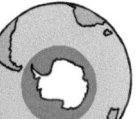

Oseyan Antatik

арктичний океан

Oseyan aktik

Північний Льодовитий
океан

Pol Nò

Північний полюс

Pol Sid

Південний полюс

Antatik

Антарктика

latè

Земля

peyi

суша

lanmè

море

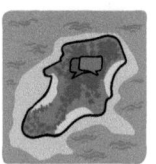

zile

острів

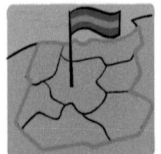

nasyon

нація

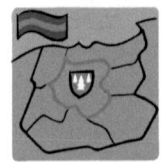

eta

держава

kadran

циферблат

egwi èdtan

годинникова стрілка

egwi minit

хвилинна стрілка

egwi segond

секундна стрілка

Kilè li ye ?

Котра година?

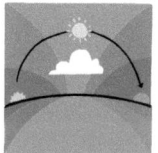

jou

день

tan

час

kounye a

зараз

mont dijital

цифровий годинник

minit

хвилина

lè

година

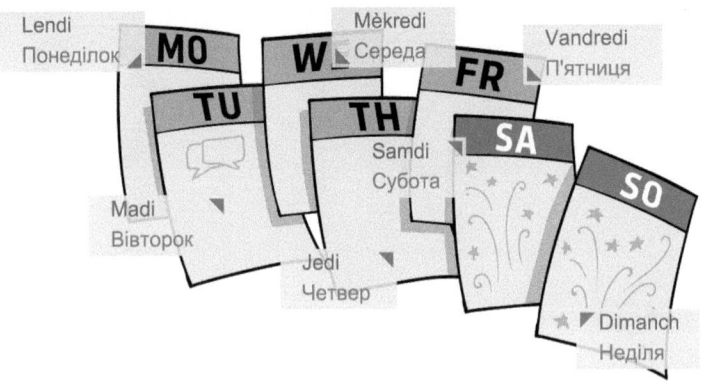

yè

вчора

jodi

сьогодні

demen

завтра

maten

ранок

midi

опівдні

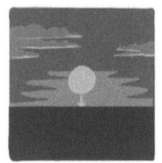

aswè a

вечір

jou travay yo

робочі дні

wikenn

кінець робочого тижня

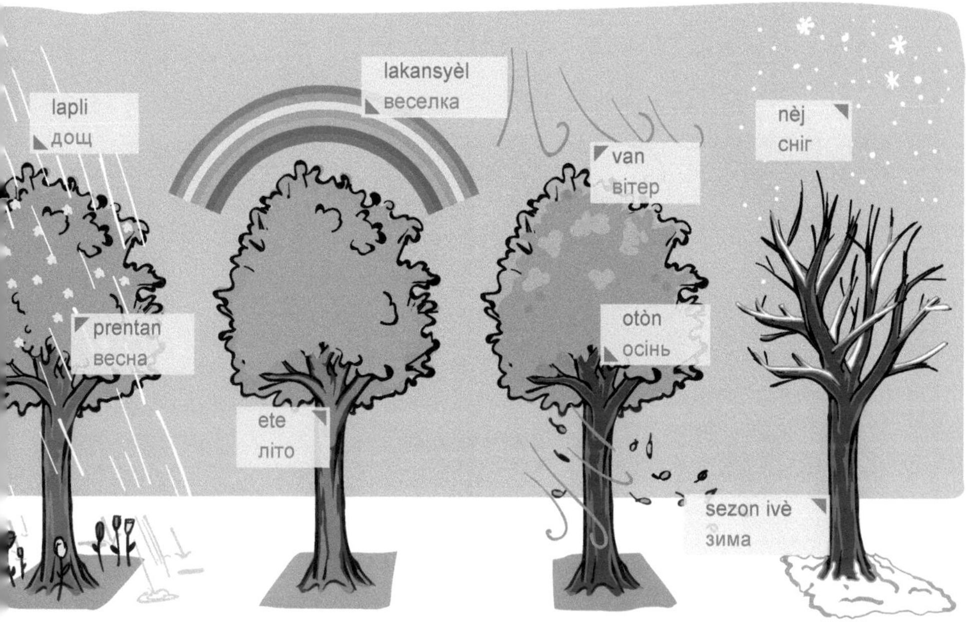

lapli
дощ
lakansyèl
веселка
van
вітер
nèj
сніг
prentan
весна
ete
літо
otòn
осінь
sezon ivè
зима

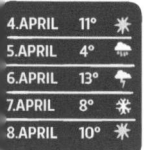

4.APRIL 11°
5.APRIL 4°
6.APRIL 13°
7.APRIL 8°
8.APRIL 10°

move tan

рогноз погоди

F C
120 40
90 30
60 20
30 10
0 0
-30 -10
-20

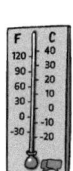

tèmomèt

термометр

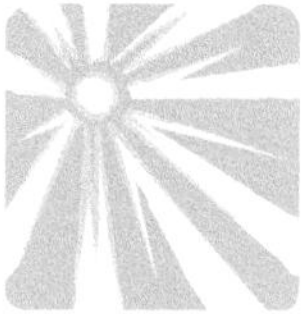

limyè solèy la

сонячне світло

nyaj

хмара

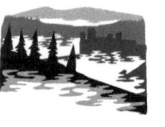

bwouya

туман

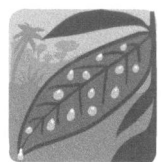

imidite

вологість повітря

zeklè

блискавка

loraj

грім

tanpèt

шторм

lagrèl

град

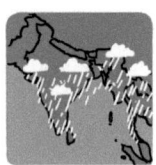

mouson

мусон

inondasyon

повінь

glas

лід

Janvye

Січень

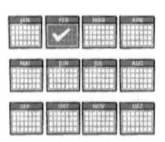

Fevriye

Лютий

Mas

Березень

Avril

Квітень

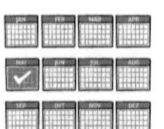

Me

Травень

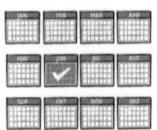

Jen

Червень

Jiyè

Липень

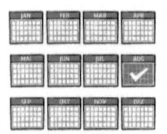

Daout

Серпень

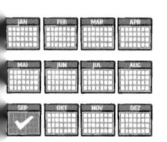

Septanm
....
Вересень

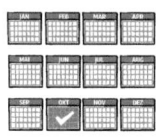

Oktòb
....
Жовтень

Novanm
....
Листопад

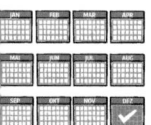

Desanm
....
Грудень

fòm yo
форми

sèk
....
круг

kare
....
квадрат

rektang
....
прямокутник

triyang
....
трикутник

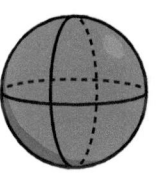

esfè
....
куля

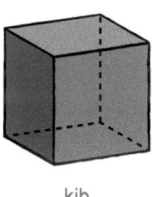

kib
....
куб

blan

білий

jòn

жовтий

oranj

помаранчевий

woz

рожевий

wouj

червоний

vyolè

фіолетовий

ble

синій

vèt

зелений

mawon

коричневий

gri

сірий

nwa

чорний

anpil / on ti kras

багато / мало

fache / kalm

лютий / мирний

bèl / lèd

гарний / бридкий

mansman / lafen

початок / кінець

gwo / piti

великий / малий

klè / fonse

світлий / темний

frè / sè

брат / сестра

pwòp / sal

чистий / брудний

konplè / enkonplè

завершений /
незавершений

jounen / lanwit

день / ніч

mouri / vivan

мертвий / живий

laj / etwat

широкий / вузький

yo ka manje / yo paka manje

їстівний / неїстівний

mechan / jantiy

злий / дружній

kè kontan / raz

збуджений / нудьгуючий

gra / mèg

товстий / тонкий

premye / dènye

спочатку / востаннє

zanmi / lènmi

друг / ворог

plen / vid

повний / порожній

di / mou

жорсткий / м'який

lou / lejè

важкий / легкий

grangou / swaf

голод / спрага

malad / an sante

хворий / здоровий

ilegal / legal

незаконний / законний

entèlijan / estipid

розумний / дурний

gòch / dwat

вліво / вправо

tou pre / lwen

поруч / далеко

ou nèf / sèvi deja

ий / використаний

anyen / kèkchoz

нічого / щось

vye / jenn

старий / молодий

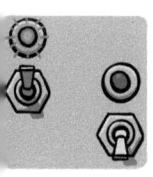

limen / etèn

вкл / викл

louvri / fèmen

відкрито / закрито

silans / fè bri

тихо / гучно

rich / pòv

агатий / бідний

kòrèk / enkòrèk

правильно / неправильно

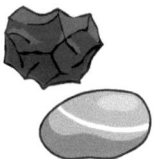

ki graj / ki lis

шорсткий / гладкий

tris / kontan

иний / щасливий

kout / long

короткий / довгий

ralanti / vit

повільно / швидко

mouye / sèk

ологий / сухий

cho / frèt

гарячий / холодний

lagè / lapè

війна / мир

0

zewo

нуль

1

youn

один

2

de

два

3

twa

три

4

kat

чотири

5

senk

п'ять

6

sis

шість

7

sèt

сім

8

uit

вісім

9

nèf

дев'ять

10

dis

десять

11

onz

одинадцять

12

douz

дванадцять

13

trèz

тринадцять

14

katòz

чотирнадцять

15

kenz

п'ятнадцять

16

sèz

шістнадцять

17

disèt

сімнадцять

18

dizwit

вісімнадцять

19

diznèf

дев'ятнадцять

20

ven

двадцять

100

san

сто

1.000

mil

тисяча

1.000.000

milyon

мільйон

Anglè

англійська

Anglè Ameriken

американська англійська

Chinwa Mandaren

китайська
високочиновницька

Hindi

хінді

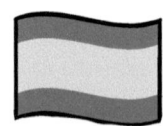

Panyòl

іспанська

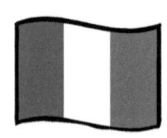

Franse

французька

Arab

арабська

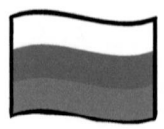

Ris

російська

Pòtigè

португальська

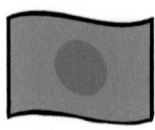

Bengali

бенгальська

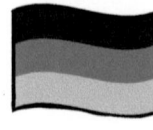

Alman

німецька

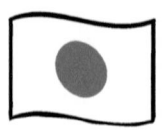

Japonè

японська

Mwen

я

ou

ти

li

він / вона / воно

nou

ми

nou/ ou

ви

yo

вони

kiyès?

хто?

kisa?

що?

kijan?

як?

kibò?

де?

kilè?

коли?

non

ім'я

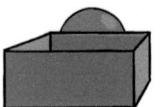

dèyè

ззаду

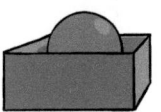

nan

в

devan

перед

sou tèt

над

sou

на

anba

під

bò kote

біля

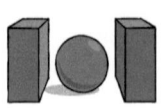

nan mitan

між

kote

місце